스물여섯 단어로 배우는 **흥미진진한 물리 이야기**

"ABCs OF PHYSICS"

크리스 페리 지음 | **정회성** 옮김

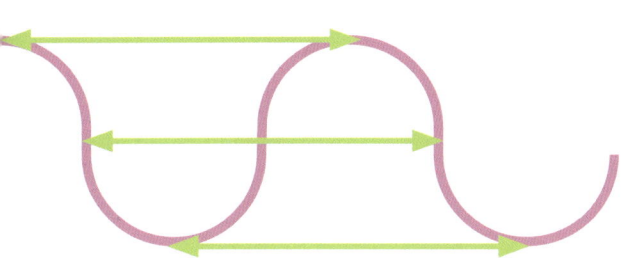

Atom
원자

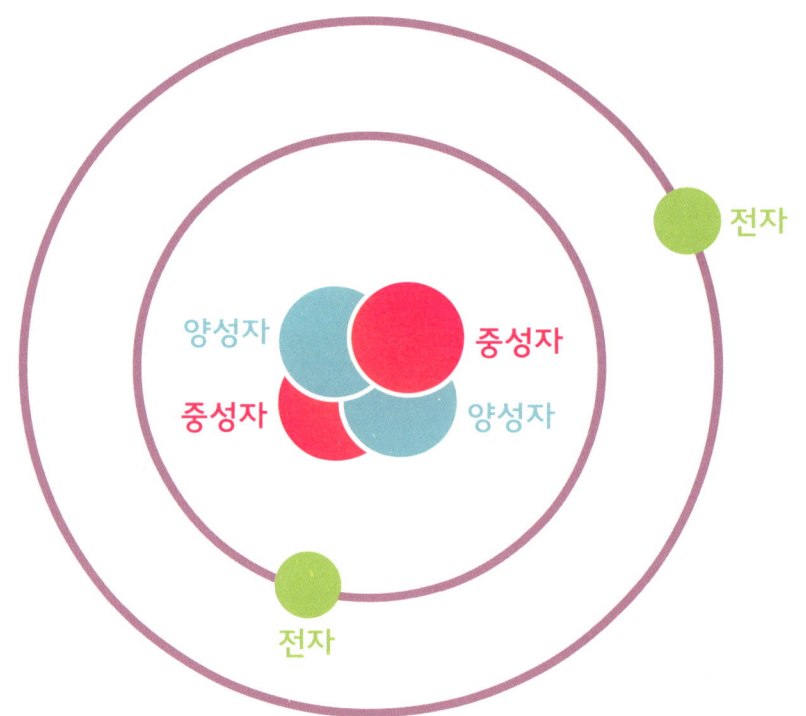

모든 사물은 원자로 이루어져 있어요.

원자는 양성자, 전자, 중성자로 이루어져 있어요. 원자들이 결합하면 분자를 만들 수 있어요. 원자들이 서로 충돌해서 핵반응이 일어나면 다른 원자가 만들어져요.

Black Hole
블랙홀

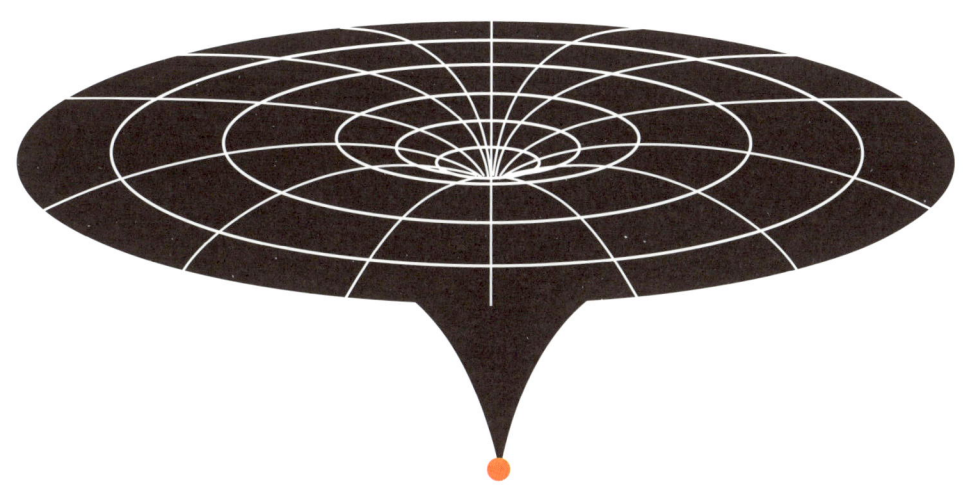

블랙홀은 빛조차 그 중력에서 빠져나올 수 없을 만큼 밀도가 아주아주 높은 천체예요.

블랙홀의 강한 중력 때문에 그 안에서 벌어지는 일을 바깥에서는 알 수 없어요. 이 경계를 '사건의 지평선'이라고 해요. 물리학자들은 은하의 중심에 아주 큰 블랙홀이 있을 거라고 생각해요.

Charge
전하

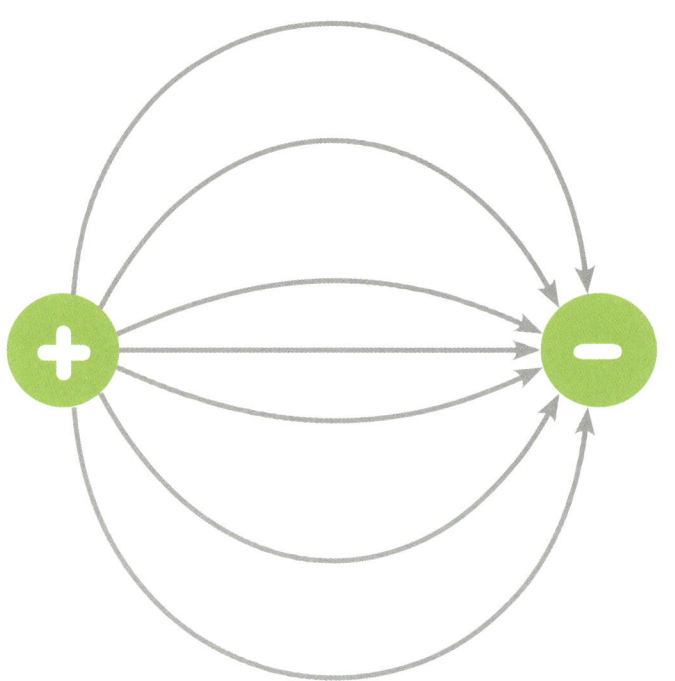

전하는 두 종류가 있어요. 양전하와 음전하예요.

전하는 전기 현상을 일으키는 물질의 물리적 성질을 말해요. 양전하는 +, 음전하는 -로 표기하지요. 양전하와 양전하는 서로 밀어내고, 음전하와 음전하도 서로 밀어내요. 양전하와 음전하는 서로 끌어당긴답니다.

Diffraction
회절

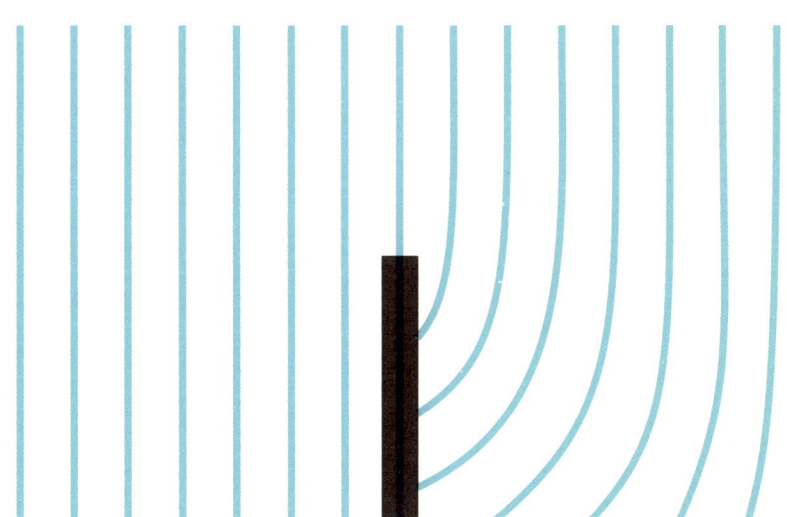

회절은 파동이 물체에 부딪힐 때 돌아 나가는 현상이에요.

파동은 어떤 에너지가 흔들림을 통해 다른 곳으로 전달되는 걸 말해요. 물장구를 칠 때 물결이 퍼져 나가는 것, 그리고 빛과 소리가 파동의 대표적인 예라고 할 수 있어요. 여러 회절이 같이 일어나면 간섭 패턴이라는 아름다운 무늬가 만들어지기도 해요.

Einstein
아인슈타인

알베르트 아인슈타인은 상대성 이론을 찾아냈어요.

전 세계 수많은 사람이 아인슈타인을 역사상 가장 위대한 과학자라고 생각해요. 아인슈타인은 통계 물리학과 양자 이론이 발전하는 데 크게 이바지했어요.

Fusion
핵융합

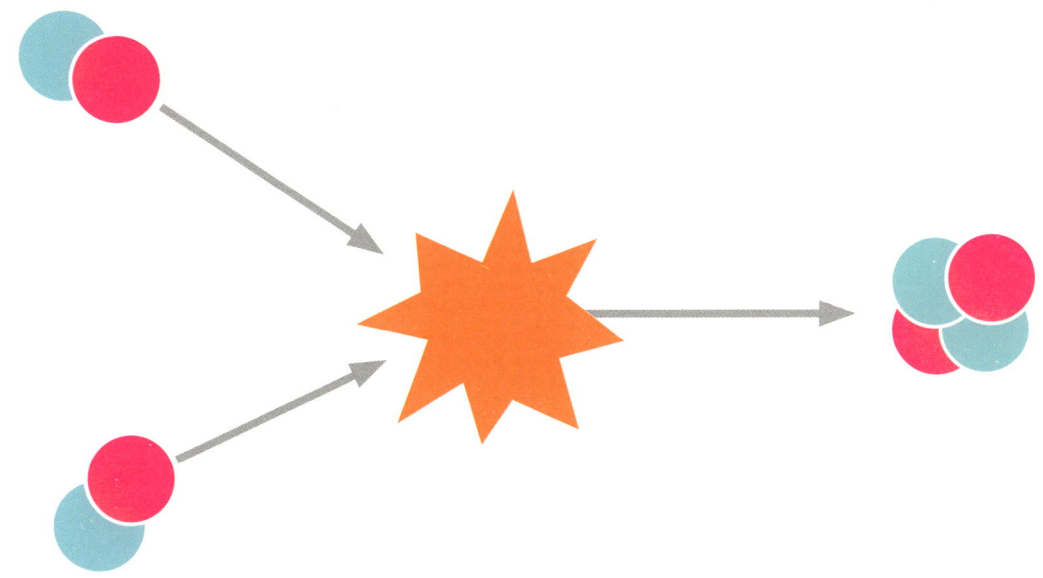

핵융합은 두 원자가 충돌해서
하나의 새로운 원자를 만들 때 일어나요.

핵융합은 몇 개의 가벼운 원자핵이 핵반응으로 결합해서 무거운 원자핵이 되는 걸 말해요. 이때 아주 많은 에너지가 나와요. 태양은 끊임없이 수소를 핵융합해 헬륨으로 바꾸며 에너지를 내뿜고 있어요.

Gravity
중력

중력은 우리가 팔짝 뛰었을 때 우리를 다시 땅으로 내려오게 하는 힘이에요.

중력은 사물과 사물이 서로 끌어당기는 힘이에요. 지구와 달은 서로를 중력으로 끌어당기고 있어요. 달이 지구에서 멀리 벗어나지 않고 지구 주위를 도는 것은 중력이 작용하기 때문이에요.

Heat
열

열은 뜨거운 곳에서 차가운 곳으로 이동해요.

열은 에너지의 한 형태예요. 활활 타오르는 불은 열에너지를 주변의 차가운 곳으로 보내 따뜻하게 만들어 줘요. 태양도 열에너지를 지구에 보내 주지요.

Ion
이온

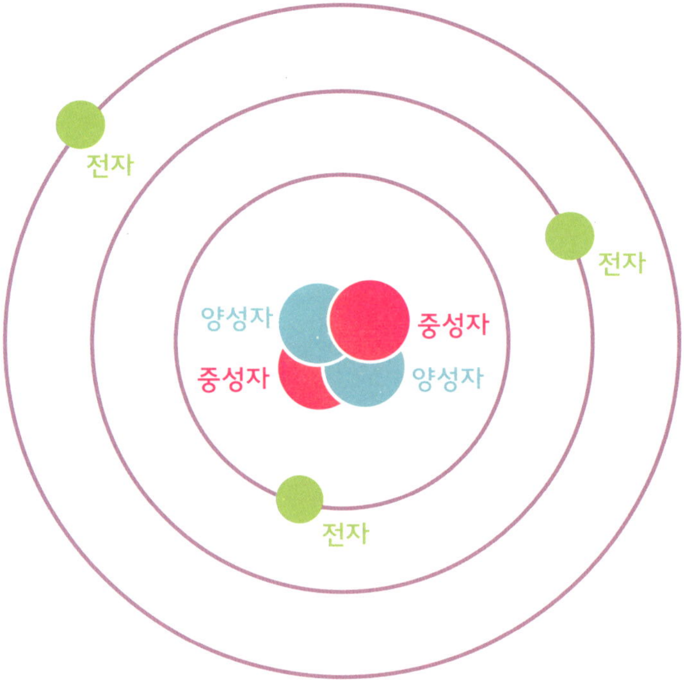

이온은 양성자보다 더 많거나 더 적은 전자를 지닌 원자예요.

양성자보다 더 많은 전자를 가지고 있는 이온은 음전하를 띠어요. 반대로 양성자보다 더 적은 전자를 가지고 있는 이온은 양전하를 띠지요. 이온을 만드는 걸 '이온화'라고 해요.

Joule
줄

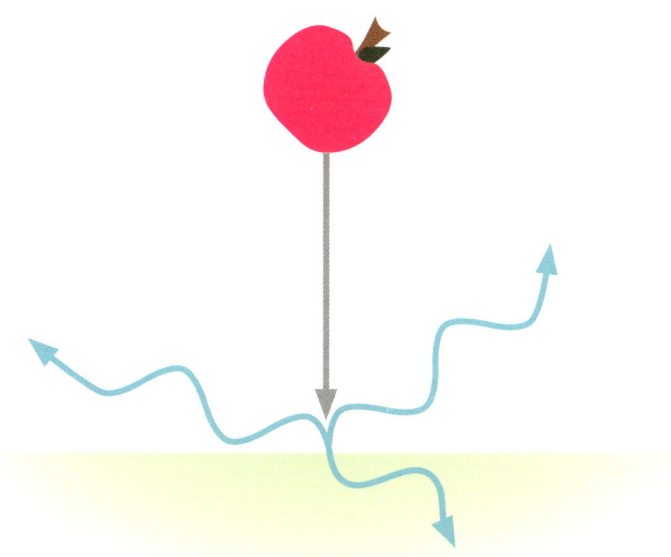

줄은 에너지의 표준 단위예요.

1줄은 무게가 100그램인 물체를 1미터만큼 들어 올리는 데 필요한 에너지의 양이에요. 열역학을 연구한 영국의 물리학자 제임스 줄의 이름을 따서 지은 이름이랍니다.

Kelvin
켈빈

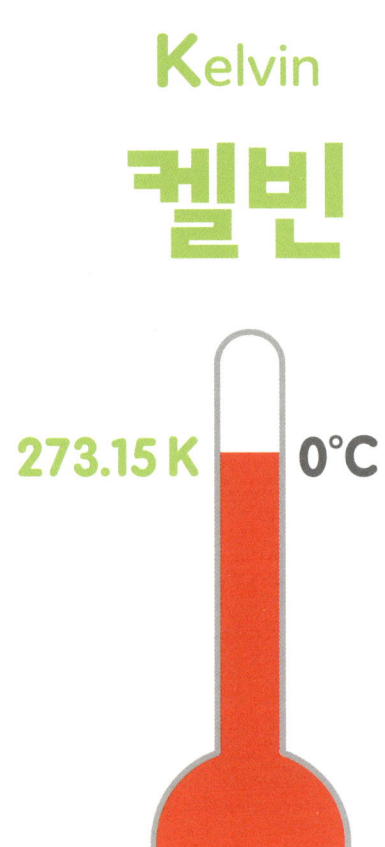

켈빈은 온도의 표준 단위예요.

물이 어는 온도인 섭씨 0도(℃)를 켈빈으로 바꾸면 273.15켈빈(K)이에요. 0켈빈은 섭씨 -273.15도지요. 이보다 차가운 건 없어요. 그래서 0켈빈을 '절대 영도'라고도 해요. 켈빈은 영국의 물리학자이자 수학자인 '켈빈 경'의 이름을 따서 지은 거예요. 본명은 윌리엄 톰슨인데, '켈빈 남작'이라는 작위를 받은 뒤 '켈빈 경'으로 불렸답니다.

Liquid
액체

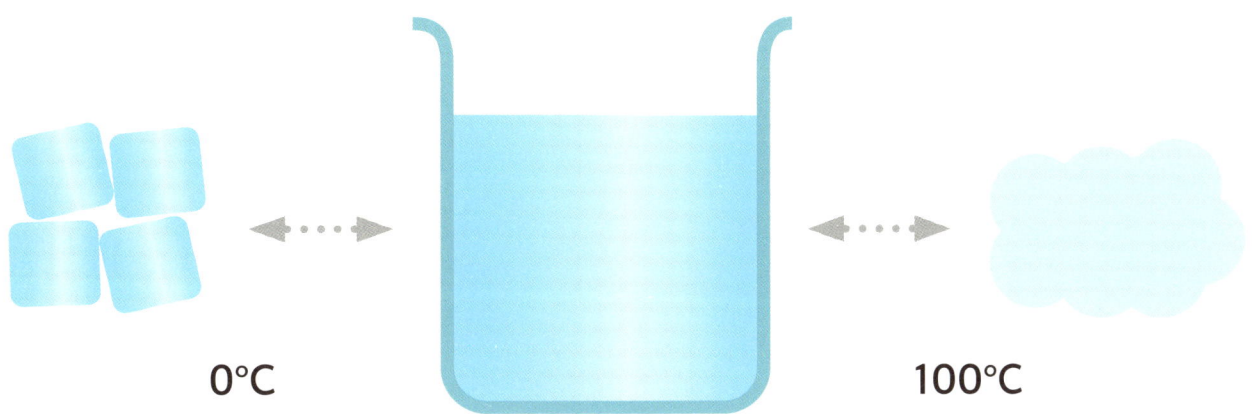

0°C   100°C

액체, 고체, 기체는 물질의 세 가지 상태예요.

액체는 일정 온도 이상 뜨거워지면 기체로 변하고, 일정 온도 이상 차가워지면 고체로 변해요. 물(H_2O)은 수소 원자(H) 두 개와 산소 원자(O) 한 개로 이루어진 화합물의 액체 상태예요. 물이 끓으면 기체가 되고, 물이 얼면 고체인 얼음이 돼요.

Magnet
자석

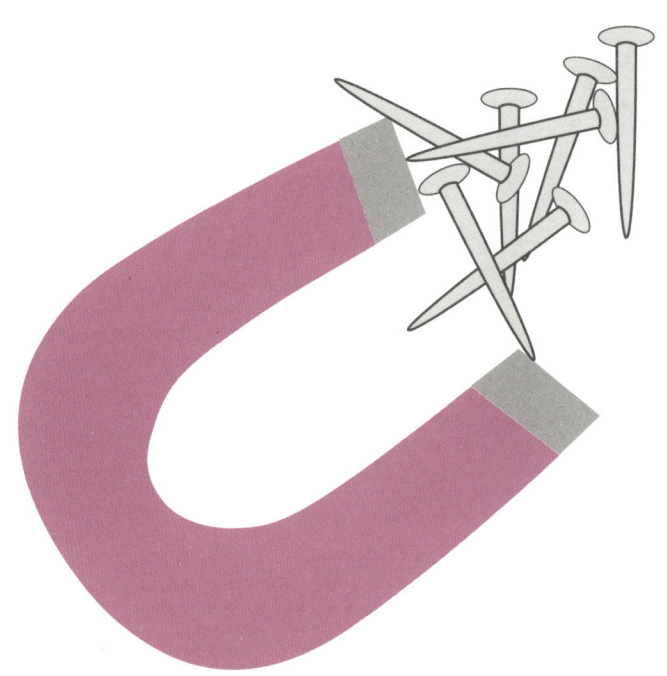

자석은 자기장을 만들어요.

자기장은 다른 자석을 밀어내기도 하고 끌어당기기도 해요. 지구도 거대한 자석이에요. 자석으로 만들어진 나침반의 바늘을 북쪽으로 끌어당기지요.

Newton
뉴턴

뉴턴은 힘의 표준 단위예요.

이 단위의 이름은 물리학자 아이작 뉴턴의 이름을 따서 지은 거예요. 뉴턴이 정리한 세 가지 운동 법칙은 물리학이 발전하는 데 크게 기여했어요. 또한 뉴턴은 미적분학을 정립한 수학자로도 널리 알려져 있답니다.

Optics
광학

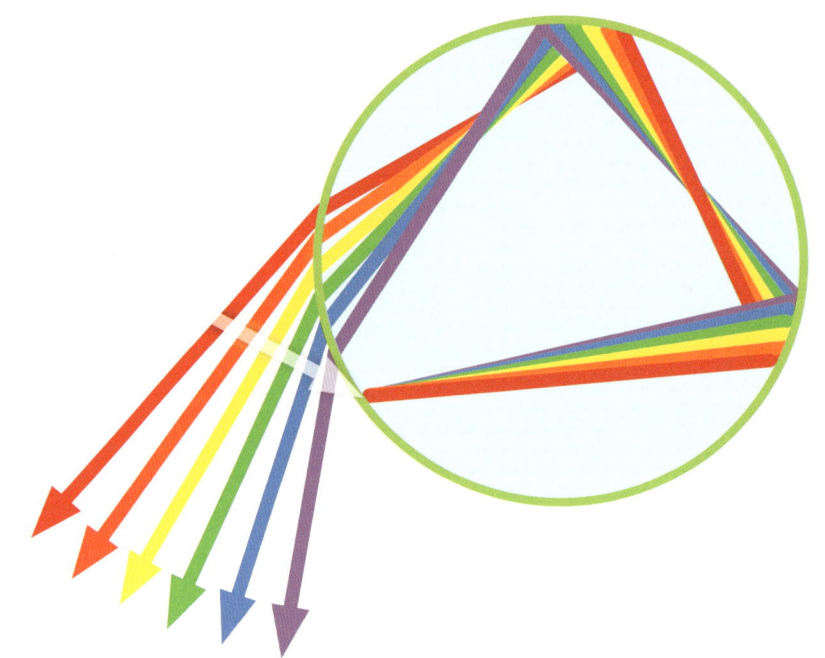

광학은 빛이 물질과 어떻게 상호 작용하는지를 연구하는 학문이에요.

인류는 광학 덕에 안경, 카메라, 망원경, 레이저 등을 발명할 수 있었어요. 현대 광학에서는 빛이 '입자'와 '파동'의 두 가지 성질을 모두 가지고 있다고 봐요.

Photon
광자

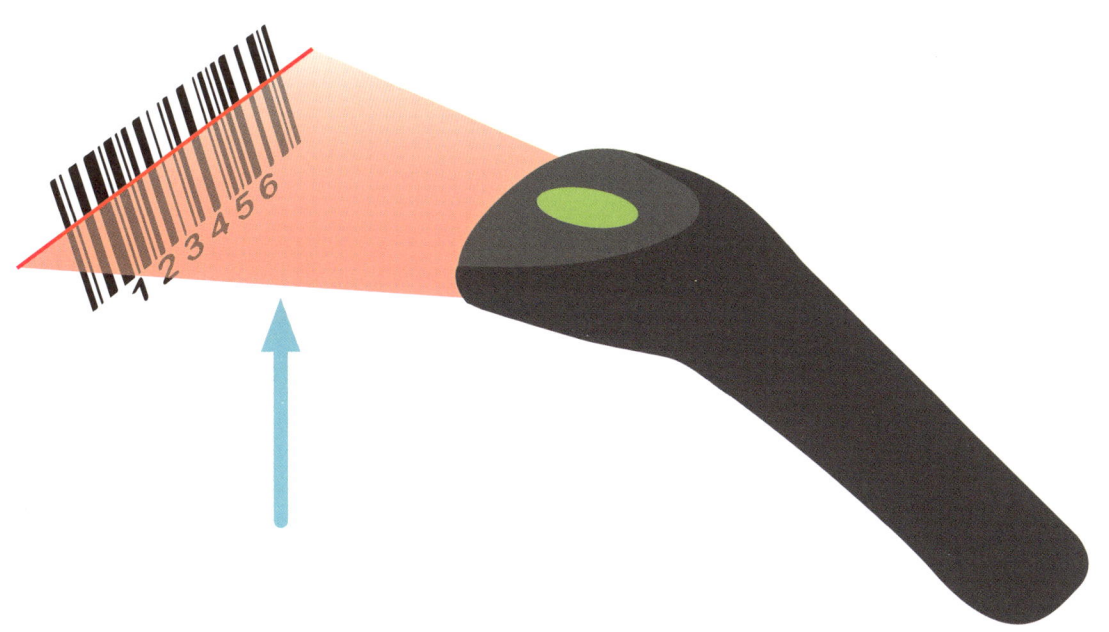

광자는 질량도 없고 전하도 없어요.

광자는 빛, 레이저, 전파, 엑스레이를 포함하는 전자기력을 전달하는 기본 입자예요.

Quantum
양자

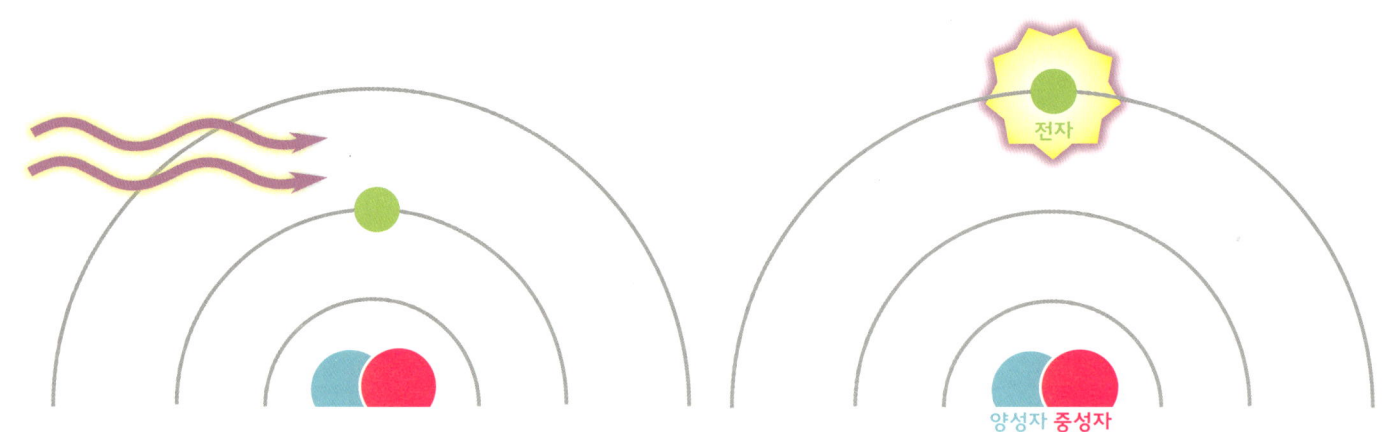

양자는 더 이상 나눌 수 없는 에너지의 가장 작은 단위예요.

양자는 원자 안에서 전자가 한 궤도에서 다른 궤도로 이동하는 데 필요한 에너지의 양이에요. 양자 과학자들은 우리 눈에 보이지 않는 아주 작은 에너지를 연구해요. 그리고 양자 공학자들은 그 결과를 우리 눈으로 볼 수 있는 규모로 나타내려고 연구한답니다.

Relativity
상대성 이론

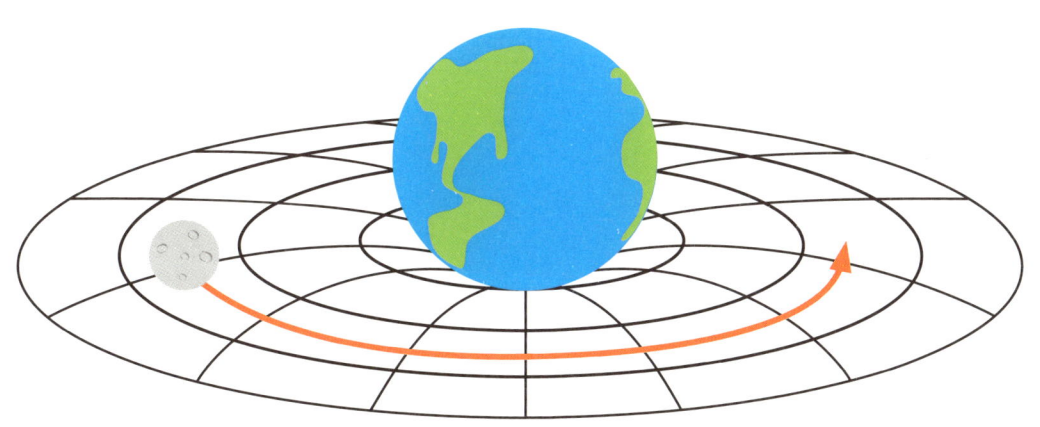

상대성 이론의 원리는 물리학의 어떤 규칙들은 모든 관찰자에게 똑같다는 거예요.

알베르트 아인슈타인은 이 같은 원리에서 출발해 중력의 영향은 시공간이 뒤틀려서 발생한다는 이론을 끌어냈어요. 이 이론은 블랙홀, 중력파, 웜홀 같은 많은 놀라운 것들을 예측하게 했답니다.

String Theory
끈 이론

끈 이론은 물리학의 새로운 이론이에요.

끈 이론은 양자 이론과 상대성 이론을 결합해서 우주와 자연의 원리를 설명하는 이론이에요. 이 이론에 따르면 모든 것은 양성자나 전자 같은 입자보다 더 작은 진동하는 끈으로 이루어져 있어요.

Thermodynamics
열역학

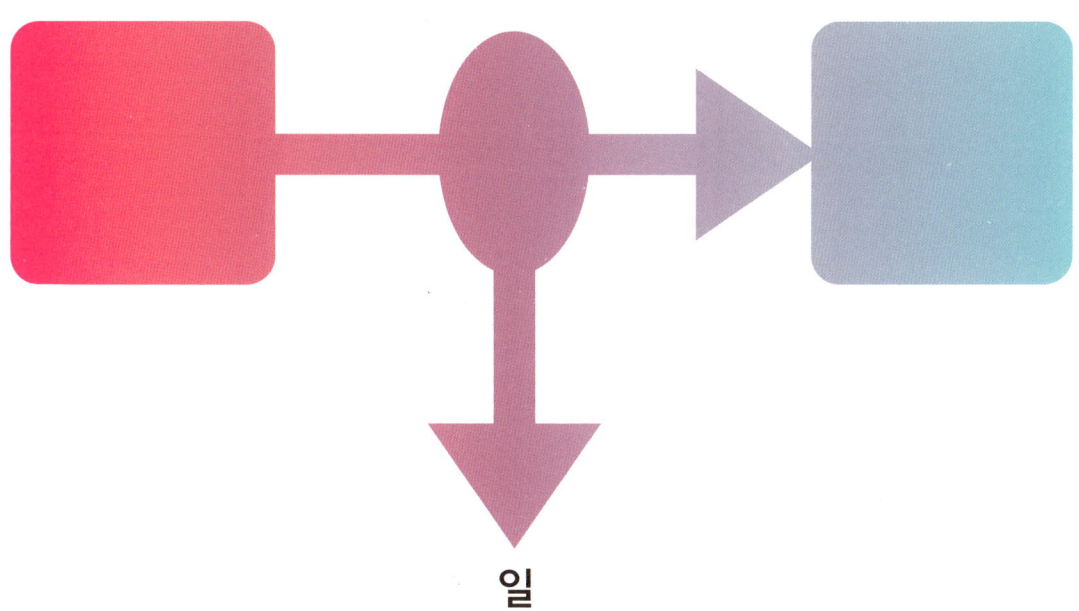

일

열역학은 우리가 에너지를 어떻게 이용해서
일을 할 수 있는지를 연구해요.

열역학은 열과 온도가 에너지와 어떻게 관련되어 있는지를 연구하기도 해요. 열역학의 유명한 법칙 가운데 하나는 '열은 차가운 것에서 뜨거운 것으로 흐를 수 없다'는 거예요.

Uncertainty
불확정성

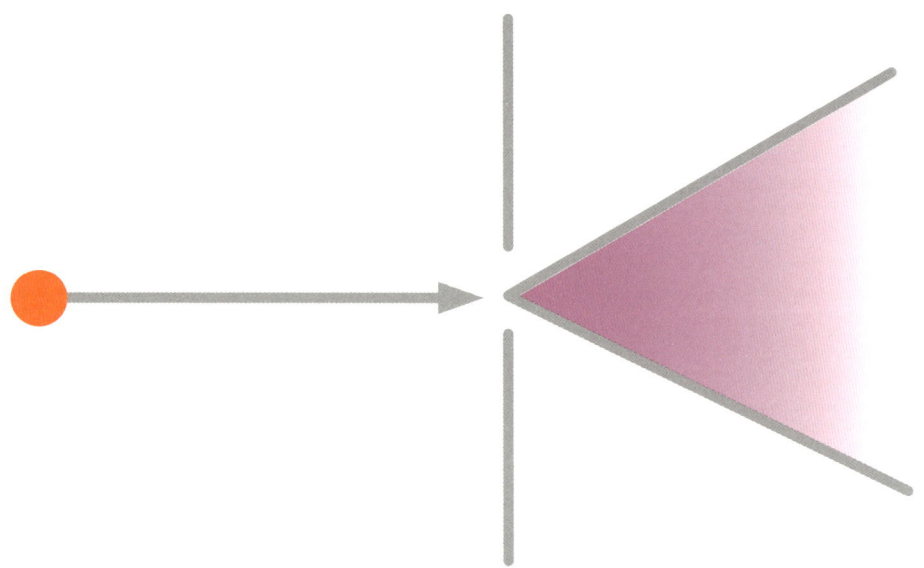

불확정성은 우리가 무언가를 모를 때 일어나요.

독일의 물리학자 하이젠베르크가 밝힌 '불확정성 원리'는 우리가 입자의 위치를 많이 알면 알수록 그것이 어떻게 움직이는지는 더 모르게 된다는 거예요.

Vacuum
진공

진공은 어떤 물질도 없는 텅 빈 공간이에요.

완전한 진공을 만들기는 아주 어려워요. 우주 공간에도 아주 적지만 입자들이 떠다니고 있거든요. 하지만 과학자들은 진공이라는 개념을 이용해서 여러 과학 연구를 해 나간답니다.

Wavelength
파장

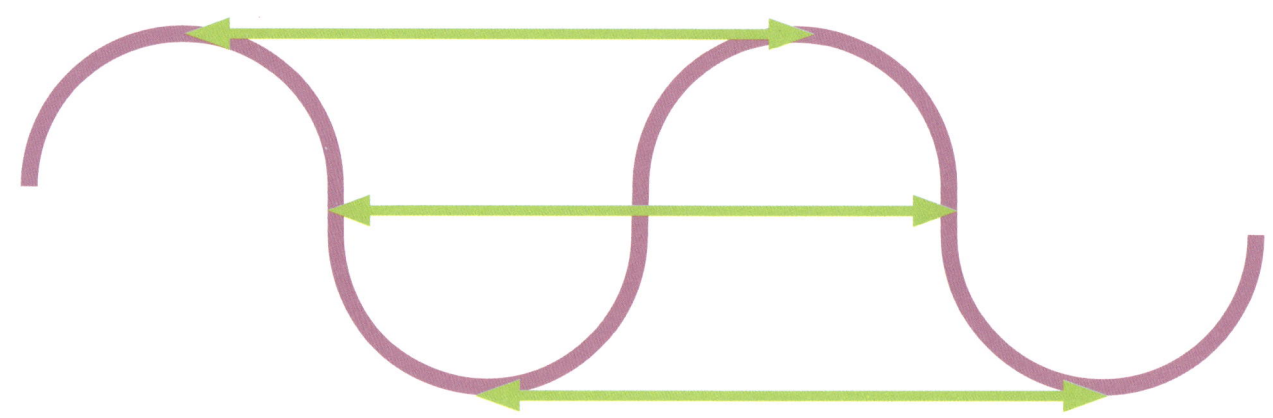

파장은 파동의 모양이 한 번 반복되는 길이예요.

호수의 잔물결이나 바이올린 줄처럼 진동이 반복되어 퍼져 나가는 것을 파동이라고 해요. 이때 진동이 반복되는 거리를 파장이라고 하지요. 우리가 귀로 들을 수 있는 가장 짧은 파장은 2센티미터 정도예요.

X-Ray
엑스선

**엑스선은 눈으로 볼 수 없지만,
아주 큰 에너지를 지닌 빛이에요.**

엑스선은 매우 짧은 파장을 가지고 있어요. 엑스선은 우리의 피부를 통과할 수 있지만, 뼈는 통과할 수 없어요. 병원이나 공항 검색대 같은 곳에서 아주 유용하게 쓰인답니다.

Yttrium
이트륨

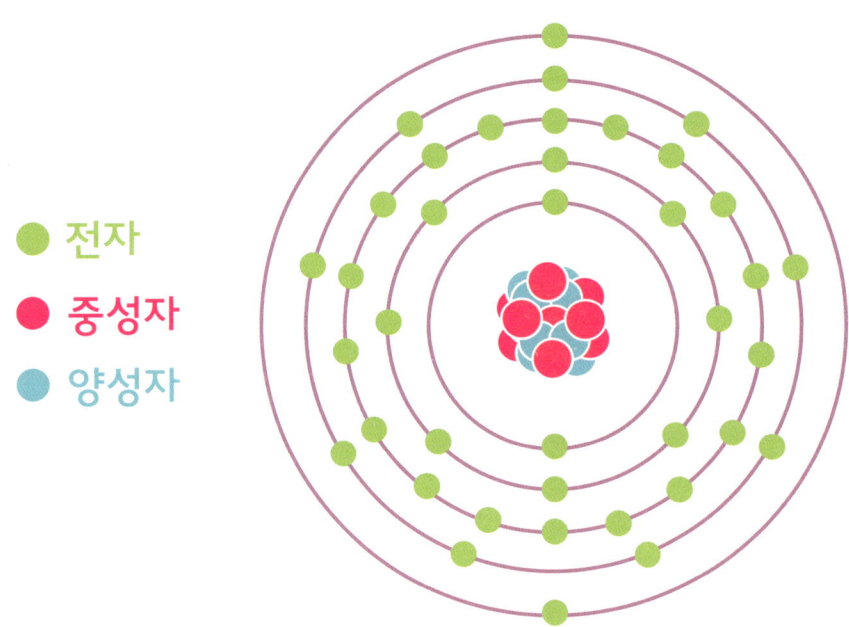

- 전자
- 중성자
- 양성자

이트륨은 주기율표에 있는 많은 원소들 가운데 하나예요.

주기율표는 원소들을 구분하기 쉽게 번호를 붙여서 성질에 따라 구분해 놓은 표예요. 이 번호를 '원자 번호'라고 하는데, 원자가 가진 양성자의 수를 기준으로 매긴 거예요. 이트륨은 39개의 양성자를 가지고 있어서 39번 원자예요.

Zero-point
영점

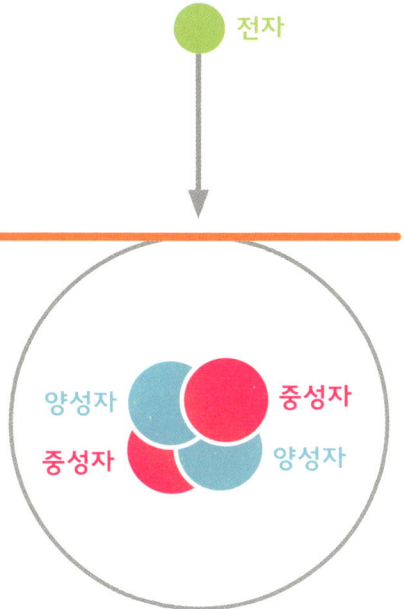

영점 에너지는 물체가 지닐 수 있는 가장 작은 에너지예요.

양자 이론이 나오기 전에 과학자들은 물체가 0의 에너지를 지닐 수 있다고 생각했어요. 그런데 양자 이론에서는 물체가 가질 수 있는 가장 작은 에너지는 0이 아니라 그 물체의 바닥 상태에서 지니는 에너지일 거라고 예측해요. 이 에너지를 영점 에너지라고 부른답니다.

물리학의 ABC

초판 1쇄 발행 2023년 11월 23일

지은이 크리스 페리 **옮긴이** 정회성
펴낸이 김현태 **펴낸곳** 책세상어린이 **등록** 2021년 1월 22일 제2021-000032호
주소 서울시 마포구 잔다리로 62-1, 3층(04031) **전화** 02-704-1251 **팩스** 02-719-1258
이메일 editor@chaeksesang.com **광고·제휴 문의** creator@chaeksesang.com
홈페이지 chaeksesang.com **페이스북** /chaeksesang **트위터** @chaeksesang
인스타그램 @chaeksesang **네이버포스트** bkworldpub

ISBN 979-11-5931-997-6 74080
ISBN 979-11-5931-969-3 (세트)

잘못되거나 파손된 책은 구입하신 서점에서 교환해 드립니다.
책값은 뒤표지에 있습니다.
책세상어린이는 도서출판 책세상의 아동·청소년 브랜드입니다.
전 연령의 어린이에게 적합한 도서입니다. Printed in Korea

All rights reserved
including the right of reproduction in whole or in part in any form.
This edition published by arrangement with Sourcebooks, LLC.
This Korean translation published by arrangement with
Chris Ferrie in care of Sourcebooks, LLC through Alex Lee Agency ALA.

이 책의 한국어판 저작권은 알렉스리에이전시 ALA를 통해 Sourcebooks, LLC사와 독점 계약한 책세상에 있습니다.
저작권법에 의해 한국 내에서 보호를 받는 저작물이므로 무단 전재와 복제를 금합니다.